Hans Buob

Die Eucharistie-feier

Eine Übersetzung vom Deutschen ins Geheimnis

UNIO VERLAG

Reihe Kerygma
Heft 6
3. Auflage 12/2010

ISBN 978-3-935189-09-5

Bibliografische Information der Deutschen Bibliothek
Die Deutsche Bibliothek verzeichnet diese Publikation in der Deutschen Nationalbibliografie; detaillierte bibliografische Daten sind im Internet über **http://dnb.ddb.de** abrufbar.

Hochaltingen, St.-Ulrich-Straße 4, D-86742 Fremdingen
Gestaltung & Produktion: Gernot Stuchlik UAC
Gesamtherstellung: Druckerei Steinmeier, Deiningen

Inhaltsverzeichnis

Herr, wir bitten Dich, führe uns jetzt in der Kraft Deines Geistes hinein in dieses Geheimnis unseres Glaubens. Lass uns das hinter den Worten verborgene Geheimnis erspüren in der Kraft des Lichtes, das allein Du zu geben vermagst. Darum bitten wir Dich, Christus, unseren Herrn. Amen.

Wir wollen den Ablauf der Eucharistiefeier als eine Brücke betrachten, die uns hinführt zum Geheimnis dessen, was wir feiern.
Kardinal Ratzinger sagte einmal: „Die Übersetzung vom Lateinischen ins Deutsche war nicht so schwierig. Schwieriger ist die Übersetzung vom Deutschen ins Geheimnis". Er wollte damit Folgendes zum Ausdruck bringen: Wenn die Heilige Messe in deutscher Sprache gefeiert wird – früher geschah dies bekanntlich nur in Latein – dann „versteht" ein Deutschsprechender ja alles, d. h. den Wortlaut des Gesprochenen; häufig jedoch begreift er nichts oder nur sehr wenig von dem, was da gefeiert wird.
Wenn wir uns nun daran machen, das Deutsch der Eucharistiefeier ins Geheimnis zu übersetzen, müssen wir uns fortwährend fragen, was der jeweilige deutsche Begriff – z.B. das Wort „Opfer" – von dem aussagt, was sich bei der Feier in unserer Mitte ereignet. Denn die Eucharistie ist ja ein Geschehen und keine fromme Andacht, die wir halten. Es handelt sich hier um ein Ereignis, in das wir als Leib Christi aktiv hineingenommen sind; ein Geschehen, in das wir durch die Liturgie hinein- und hindurchgeführt werden.
Ein Beispiel aus dem Kanon mag das verdeutlichen: Es kommt dort das Wort „Gabe" vor. Welche Vorstellung verbinden Sie damit? Oder mit dem besagten Begriff „Opfer"? Oder gar mit dem zusammengesetzten Wort „Opfergabe"? Was sagt es Ihnen?
Eigentlich sind das doch gängige Begriffe, von denen man annehmen sollte, ein jeder wisse, was sie bedeuten. Aber wissen wir auch, was diese Worte von dem, was wir feiern, wirklich zum Ausdruck

bringen? Dabei handelt es sich um Worte, die etwas ganz Wesentliches ausdrücken.
So wagen wir also den schwierigen Versuch einer „Übersetzung vom Deutschen ins Geheimnis“.

Dreifache Gegenwartsweise Jesu

Wir feiern in der Eucharistie drei Gegenwartsweisen Jesu, von denen die eine die andere jeweils vorbereitet bzw. einleitet. Deshalb gibt es in der Eucharistiefeier keine wichtigeren oder unwichtigeren Teile, so dass man – wie früher geschehen – nicht etwa sagen kann: „Ich komme zur Opferung und gehe nach der Kommunion, und damit habe ich das Sonntagsgebot erfüllt..." Wer zu spät kommt und etwa den Bußakt verpasst hat, mag durchaus bereits die ganze Eucharistie versäumt haben. Denn es kann zu Beginn etwas nicht geschehen sein, was Voraussetzung dafür ist, dass sich in der betreffenden Person Eucharistie tatsächlich ereignet; es kann sein, dass an ihr das ganze liturgische Geschehen wirkungslos vorbeifließt. Also: Jede Einzelheit ist wichtig, und zwar vom ersten Augenblick bis zum letzten!

Jede dieser drei Gegenwartsweisen Jesu wird vom Priester mit ein und demselben Zuruf an die Gemeinde eingeleitet. Dieser Zuruf, der die Aufmerksamkeit der Gemeinde auf das jeweils Folgende richten will, lautet: „Dominus vobiscum." Dieses lateinische Wortpaar wird im Deutschen als Wunsch wiedergegeben: „Der Herr sei mit euch!" Es handelt sich hier aber, wie das Fehlen des lateinischen Verbs nahelegt, um eine Feststellung: „Der Herr ist mit euch." Diese Feststellung wird vom Priester getroffen.

- zu Beginn des Gottesdienstes: jetzt ist der Herr im Geheimnis seiner Kirche, seines Leibes;
- vor dem Evangelium: jetzt ist der Herr im Geheimnis seines Wortes;

- vor der Präfation: jetzt wird der Herr gegenwärtig im Geheimnis der Eucharistie.

Diese dreifache Gegenwartsweise Jesu findet auch im Altarraum, sofern dieser nach der neuen Liturgie gestaltet ist, sozusagen ihren visuellen Ausdruck :

- Der *Priestersitz* ist Ausdruck der Gegenwart Jesu im Geheimnis seines mystischen Leibes. (Das Vaticanum II sagt in diesem Zusammenhang, dass der Priester durch seine Priesterweihe auf eine neue Weise eins wird mit Christus: auf eine neue Weise! Durch die Taufe sind wir bereits eins mit dem Leib Christi; durch die Priesterweihe wird der Priester auch eins mit Christus als dem Haupt. So ist der ganze Christus, Haupt und Leib sichtbar gegenwärtig, wenn Priester und Volk zusammentreten. Deshalb ist der Priestersitz Ausdruck der Gegenwart Jesu in seinem Leib. Denn wo das Haupt ist, da ist auch der Leib. Der Priester ist ja seinerseits nicht von der Gemeinde getrennt, sondern ist eins mit ihr.
- Der *Ambo* ist Ausdruck der Gegenwart Jesu in seinem Wort.
- Der *Altar* ist Ausdruck der Gegenwart Jesu in der Eucharistie: Christus ist Opferpriester, Altar und Opferlamm in einem.

Nach dem jeweiligen „der Herr ist mit euch“, dem Bewusstmachen der entsprechenden Gegenwart des Herrn, folgt ein Bußritus:

Zur Gegenwart Jesu in seinem *mystischen Leib* ist es das Schuldbekenntnis.

Zur Gegenwart Jesu in seinem *Wort* ist es das Gebet: „reinige mein Herz (mit dem ich höre) und meine Lippen (mit denen ich das Wort verkünde) ...“

Zur Gegenwart Jesu in der *Eucharistie* ist es die

Händewaschung (Hände, weil der Priester jetzt der handelnde ist) mit den Worten „Herr wasche ab meine Schuld, von meinen Sünden reinige mich“
Dann folgt die Begrüßung des Herrn:
Im *Kyrie* begrüßen wir Christus in seinem *mystischen Leib;*
Im *Halleluja* begrüßen wir Christus in seinem *Wort*
Im *Sanctus* begrüßen wir Christus „der da kommt im Namen des Herrn“ in der *Eucharistie.*

Diese schlichten Bußformen drücken aus, dass wir eigentlich bei jeder Gegenwartsweise Jesu erneut unwürdig sind und dass wir uns immer wieder hineinführen lassen sollten in die Ehrfurcht vor dieser jetzt auf uns zukommende Gegenwart Jesu.
Wir spüren hier, wie die Liturgie keineswegs eine fromme Andacht ist, sondern der Kommentar eines Geschehens. Ich bin ständig gefordert daran teilzunehmen und mitzugehen. Die Gebete sind wie ein Kommentar, der mir nicht nur sagt, was geschieht, sondern auch was ich jetzt zu tun habe, wie ich mich verhalten und öffnen soll.

Wir wollen nun gemeinsam diese Liturgie Schritt für Schritt durchgehen. Sollten Sie den Eindruck gewonnen haben, die Eucharistie sei nichts anderes als eine aus der Tradition heraus erwachsene Aufeinanderfolge verschiedener Riten und Gebete, so liegen Sie falsch. Denn ein Element baut auf dem anderen auf.
Versuchen Sie doch einmal alle Riten, Gesten, Zeichen und Worte nicht einfach als Gebetsformen zu sehen, sondern als gebetete Kommentare eines Geschehens. Von diesem Ansatz her will ich Ihnen das „Ereignis“ der Eucharistie zu erklären versuchen. Es ist der Versuch, einen in deutscher Sprache

formulierten Ablauf „ins Geheimnis zu übersetzen“. Dabei soll eine Eucharistieform als Vorbild dienen, die sich durch Feierlichkeit auszeichnet, wie wir sie bei Bischofs- oder Papstmessen antreffen. Feierlichkeit hat dabei nichts mit Pomp zu tun, sondern entfaltet sich in Zeichen, Worten und Bildern, um ans Geheimnis zu rühren.

Wir treffen heute eine Vielfalt von Wort- und Bildmeditationen an: nichts anderes stellt eine feierliche Liturgie dar.

1. Die Gegenwart Christi in seinem mystischen Leib

Der feierliche Einzug

Der *feierliche Einzug* am Anfang der Eucharistiefeier ist Ausdruck des durch die Zeit pilgernden Gottesvolkes. Am deutlichsten wird das am Palmsonntag, wenn sich Priester und Gemeinde, also Haupt und Leib, außerhalb des Kirchenraumes sammeln und dann miteinander einziehen. Der Kirchen-Raum bezieht ja seinen Namen von uns allen, die wir zusammen „Kirche“ sind. So zieht gleichsam der ganze Christus in diesen Raum ein: er ist unterwegs in uns, diesem seinem pilgernden Volk, und will jetzt in uns, seinem Leib, gegenwärtig werden. (In verkürzter Form wird dies dargestellt beim normalen Einzug des Priesters mit seiner Assistenz, den Ministranten und Lektoren.)

Voraus zieht dabei das *Zeichen des Kreuzes* (das bei einem normalen Gottesdienst schon auf dem Altar steht). Das erinnert an eine Stelle der Heiligen Schrift: „Danach wird das Zeichen des Menschensohnes am Himmel erscheinen; dann werden alle Völker der Erde jammern und klagen und sie werden den Menschensohn mit großer Macht und Herrlichkeit auf den Wolken des Himmels kommen sehen (Mt 24,30).“ Das Kreuz ist das Zeichen des wiederkommenden Herrn.
Wenn ich als Mitfeiernder das Zeichen des Kreuzes beim Einzug oder zu Beginn des Gottesdienstes vorne auf dem Altar sehe, dann muss mir bewusst werden, dass hier Christus gegenwärtig wird, dem dereinst die ganze Welt zu Füßen liegen wird; es ist

derselbe Christus, der am Ende der Zeiten kommen wird mit Macht und Herrlichkeit.
Bereits beim Anblick dieses schlichten Zeichens müssten wir uns die Frage stellen: was bedeutet es mir, wenn die Gemeinde sich gesammelt hat und Christus in uns gegenwärtig sein will? Gibt es in mir so etwas wie ehrfürchtiges Erschauern vor der Gegenwart dieses gewaltigen Gottes - angesichts dieses Kreuzes, welches als Zeichen des Menschensohnes am Himmel erscheinen wird? Steht meine innere Haltung nicht in Widerspruch zur Bedeutung dieses Zeichens?
Ein jeder von uns muss doch beim Gedanken an das Weltgericht oder seinen eigenen Tod, wenn sich der lebendige Gott offenbart, erschauern – mag er noch so sehr an die Barmherzigkeit Gottes glauben. Sind wir statt dessen nicht allzu oft zerstreut und hängen ganz anderen Gedanken nach?
Es ist wichtig, dass wir, ausgehend von diesem Zeichen, uns einmal Rechenschaft geben, wie wir mit diesem Christus umgehen. Glaube ich überhaupt an diese Gegenwart Christi? Glaube ich, dass der Herr, der jetzt in uns, seinem Leib, gegenwärtig ist, derselbe ist, der einstens wiederkommen wird?

Dann folgt der *Diakon mit dem Evangelienbuch.*
Damit kommt bildhaft zum Ausdruck: dieser am Ende wiederkehrende und jetzt unter uns weilende Christus ist nicht ein schweigender Gott, der einfach nur da ist, sondern er hat einen an mich gerichteten Brief und eine ganz persönliche Botschaft für mich: Lesung und Evangelium. Es sind dies Worte, die Gott in meine heutige Situation hineinspricht. So kann mich der Anblick des Evangelienbuches in eine gespannte Erwartung dessen versetzen, welche Antwort der Herr auf meine Fragen und Probleme

bereithält: „Herr, was wirst du mir heute sagen – mir ganz persönlich?“ So werde ich mit einer anderen, neuen Einstellung dem Wort Gottes lauschen, dieser persönlichen Botschaft dessen an mich, der am Ende mit Macht und Herrlichkeit kommen wird.

Hierauf folgt der *Priester.*

Das Vaticanum II sagt, dass der Priester „in persona Christi“ handelt. Er handelt also weder stellvertretend für die Person Christi, noch neben ihr, sondern eben in der Person Christi. Christus handelt in ihm. Damit ist für mich als Mitfeiernden das Erscheinen der Gestalt des Priesters, das Zeichen dafür, dass der unter uns gegenwärtige Christus auch ein handelnder Christus ist. Er setzt das Geheimnis seines ganzen Lebens, vom Beginn seiner Menschwerdung bis zu seiner Wiederkunft, nun in der Eucharistie gegenwärtig – und er will mich daran teilnehmen lassen. Darum kann Augustinus sagen: „Nos ibi eramus“ – „Wir waren dort“: Wir haben nichts versäumt! Denn in der Eucharistie wird alles Gegenwart: Bethlehem, Nazaret, Golgota, Auferstehung, Himmelfahrt, Geistsendung, Wiederkunft. „Wir waren dabei“, weil alle diese Geschehnisse in der Feier der Heiligen Messe nicht bloß Symbole bleiben, sondern reale Gegenwart werden.

Beim Einzug werden *Symbole* mitgetragen: *zwei Kerzen* und *Weihrauch.*

Sie treten bei jeder konkreten Gegenwartsweise Jesu auf: bei der Verkündigung des Evangeliums und bei der Wandlung. Dabei ist die Kerze das Symbol des Lichtes. Denn bringt nicht jeder von uns, die wir mitfeiern, auch Dunkelheit in irgendeiner Form mit, vielleicht innere Nöte, ein Unverstandensein, Glaubensschwierigkeiten, ein Nicht-mehr-beten-

Können? Es ist ja immer etwas in uns, das sich unserem eigenen Verstehen entzieht. Das Kerzenlicht deutet mir an: dieser unter uns weilende Christus will heute einen Strahl seines Lichtes in mein Inneres werfen, vielleicht durch ein Wort eines Bruders oder einer Schwester (sofern eine Form des Gottesdienstes gewählt ist, die derlei Beiträge erlaubt), vielleicht aber durch das Wort Gottes während der Lesung oder des Evangeliums, vielleicht auch in der Eucharistie, wenn mir, der ich nun den Herrn in mir trage, plötzlich „ein Licht aufgeht" oder sich in meinem Inneren eine Verhärtung zu lösen beginnt...Beim Anblick der Kerzen soll mir sogleich bewusst werden: Licht! Du bist Licht! Dir halte ich all meine Dunkelheit hin...Lass mich erspüren, wo hinein jetzt dein Licht fällt ....

Weihrauch ist ein überaus starkes Symbol, das leider etwas an den Rand der Liturgie gedrängt worden ist. Weihrauch verzehrt sich selbst, verströmt sich und steigt als Wohlgeruch auf. Er ist das Symbol unserer Hingabe, die sich in Lobpreis und Anbetung fortsetzt: „Gott, ich habe nichts an dir auszusetzen. Du bist alles, ich bin nichts."

Das Symbol des Weihrauchs findet sich überall dort, wo Christus gegenwärtig wird: Im Geheimnis der Kirche, im Wort Gottes, in der Eucharistie. Es ist das Zeichen der Gegenwart Gottes und das Zeichen meiner Anbetung und Hingabe. Wir müssen uns dessen bewusst sein, wenn der Altar zu Beginn der Messfeier inzensiert wird; wir müssen uns fragen, inwieweit wir nun den Herrn in unseren Schwestern und Brüdern, also in seinem mystischen Leib, anzubeten bereit sind. Ist er für uns in dieser Weise real? Beten wir ihn im Wort an, wenn es verkündet wird? Ihn in der Eucharistie anzubeten – das entspricht wohl eher unseren Gepflogenheiten!

Der Altarkuss

Sodann beginnt der Priester mit einem Zeichen, das keineswegs seine „Privatsache“ ist, aber dennoch oft von der Gemeinde nicht zur Kenntnis genommen wird, dem *Altarkuss*. Die Gemeinde ist an diesem Kuss aktiv beteiligt, weil sie zusammen mit dem Priester, der teilnimmt am Haupt-Sein Christi, den ganzen, sichtbaren Leib Christi bildet. Der Altarkuss gilt also Christus, da der Altar Symbol für Christus ist. Der Altar ist ja vom Bischof gesalbt und ist somit ein Gesalbter, ein „christos“. Wir müssen wissen, dass Christus am Kreuz nicht nur Opferlamm und Priester, sondern zugleich Altar war. Beim Altarkuss küsst der Priester also nicht eine Sache, einen Stein oder dergleichen, sondern eine Person, eben Christus, und mit dem Priester tut das auch die Gemeinde. Dabei sollten wir immer daran denken, dass ein Kuss eine sehr intime Geste ist, das „Persönlichste“ in der Begegnung zweier Menschen – man küsst nicht einen jeden! Die Intimität des Kusses symbolisiert die ganz persönliche Gegenwart Jesu im Geheimnis seiner Kirche.
Vielleicht sollten wir hier die Überlegung anstellen, ob der Kuss, mit dem ich durch Vermittlung des Priesters Christus begrüßt habe, ein echter Freundeskuss war – oder eher ein Judaskuss. Und merken Sie, wie aus dieser tieferen Sicht diese Zeichen plötzlich an Bedeutsamkeit und Leuchtkraft gewinnen?

Das Kreuzzeichen

Hierauf macht der Priester das *Kreuzzeichen.*
Es ist eine Kurzform der Tauferneuerung für uns,

die wir im dreifaltigen Gott getauft sind. An Sonn- und Feiertagen kann an die Stelle des Bußakts eine Tauferneuerung treten. Hierbei besprengt der Priester die Gemeinde mit dem zuvor gesegneten Weihwasser und spricht Gebete der Tauferneuerung. Da aber Erneuerung der Taufgnade zugleich auch Buße bedeutet, ergeht an die Gemeinde der Aufruf, die Sünden zu bereuen, welche die Taufgnade behindern.

Für gewöhnlich aber ist das Kreuzzeichen zu Beginn des Gottesdienstes die Kurzform dieser Tauferneuerung – sind wir uns dieser Bedeutung des Kreuzzeichens auch bewusst angesichts der Tatsache, dass es keine Eucharistiefeier ohne erneuerte Taufgnade gibt?

Im Alten Testament wird dies sehr treffend symbolisiert: Zuerst war da der Durchzug durchs Rote Meer. Als nächstes gelangten die Israeliten zum Berg Horeb, wo das Wort Gottes gehört und verkündet wurde. Dann erst erfolgte der Marsch durch die Wüste, wo es Manna regnete – das Symbol für die Eucharistie. Doch dem voraus ging, wie gesagt, der Durchgang durch das Rote Meer, der die Taufe symbolisiert, das Reingewaschen-Werden (währenddem die Feinde untergehen!). So ist die Tauferneuerung als Reinigung der Taufgnade und des allgemeinen Priestertums eine Grundvoraussetzung für die Eucharistie. Es ist deshalb unerlässlich, dass diese Kurzform der Tauferneuerung mit Bedacht vollzogen wird und wir der großen Stunde unserer Taufe, des größten Tages in unserem Leben, eingedenk sind. Es ist der Tag, an dem ich „Leib Christi" geworden bin und Anteil bekommen habe am Wesen Gottes. Dies gilt es jetzt zu erneuern, um das ganze Geheimnis Jesu aufnehmen zu können und in dieses hineingenommen zu werden.

Wenn Christus nun unter uns gegenwärtig werden soll, dann ist es notwendig, dass diese Taufgnade neu durchbrechen kann. Dazu muss beseitigt werden, was die Taufgnade behindert. Also muss sich an das Kreuzzeichen die Überlegung anschließen, worin diese Behinderung besteht.

Der Gruß an die Gemeinde

Deshalb sagt der Priester zur Gemeinde : „Der Herr ist mit euch." – Der Herr will jetzt unter euch sein im Geheimnis seines Leibes. Und die Gemeinde antwortet: „Und mit deinem Geiste."
Der Priester macht uns also aufmerksam auf unser allgemeines Priestertum, auf die Taufgnade, durch die der Herr unter uns sein will. Die Gemeinde ihrerseits erinnert den Priester an seine Priesterweihe mit der Antwort: „Und mit deinem Geiste" – den du in der Priesterweihe empfangen hast und mit dem der Herr unter uns sein will. Es ist ein gegenseitiges Sich-aufmerksam-Machen, wobei der Priester die Gnade seines besonderen Priestertums erneuert und seinerseits das beseitigt, was diese Gnade behindert.
Bei beiden, bei Gemeinde und Priester, ist das, was behindert, die Sünde. So ist nun auch für beide die Zeit gekommen sich zu besinnen: „Was in mir ist Sünde und Hindernis?"

Der Bußakt

Manchmal wird dafür überhaupt keine Zeit der Besinnung anberaumt, sondern es schließt sich sofort ein Bekenntnis an. Aber hier muss dann doch

die Frage erlaubt sein, ob denn auch allen das, was sie bekennen, voll bewusst ist, zumal das Bekenntnis häufig sehr rasch vor sich geht. Ist das wirklich eine Bereinigung dessen, was die Gnaden behindert – oder nur Formalismus?
Darum ist an dieser Stelle eine kurze Stille angebracht, in der sich Priester wie Volk überlegt, welche Sünde zwischen ihm und Gott steht und den Gnadenstrom blockiert.
Nun kommt es zum Bekenntnis voreinander und vor Gott. Denn jede Sünde hat auch eine soziale Komponente und schadet dem ganzen Leib. So wie einer sich freut und mit ihm alle, so leiden alle, wenn einer Leid trägt – und die Sünde ist das eigentliche Leid!
Dieses Confiteor kann zu einem Raster werden, der mich einmal eine kurze Überlegung anstellen lässt, was denn in meinem Leben nicht in Ordnung ist. Es beginnt mit dem Satz: „Ich bekenne..., dass ich Gutes unterlassen...habe..." Die Unterlassungen des Guten sind demnach die schwersten Sünden.
Schauen wir dazu in die Heilige Schrift. Wenn Jesus auf das Wesentliche der Sünde zu sprechen kommt, dann geht es immer um Unterlassungen des Guten. Nehmen wir die Stelle vom Weltgericht, Mt 25: Hier steht nichts von einer bösen Tat, sondern es werden Unterlassungen des Guten angeführt: dem Hungrigen nichts zu essen gegeben, dem Durstigen nichts zu trinken. „Weichet von mir – ins ewige Feuer!" Oder denken Sie an das Beispiel vom barmherzigen Samariter (Lk 10,25-37): Priester und Levit gehen am Überfallenen vorüber; sie tun nichts Böses, sie unterlassen nur den Liebesdienst. Oder Lk 16,19 – das Beispiel vom reichen Mann und vom armen Lazarus. Der reiche Prasser tut nichts Böses, er übersieht lediglich den Lazarus.

Ich muss mich fragen, wieviel Unheil oder Nicht-Heil ich dadurch verursacht habe, dass ich Gutes unterlassen habe. Und diese Unterlassungen bekenne ich nun vor der ganzen Gemeinde, weil sie durch meine Unterlassung weniger Heil erfuhr. Christus konnte durch mich nicht soviel wirken, wie er wollte, weil ich auf seine Impulse, Gutes zu tun, nicht eingegangen war.

Im Bekenntnis fahren wir dann fort: „...und dass ich Böses getan habe." Und hierauf folgt sogleich: „Ich habe gesündigt in Gedanken..." Wer aber gibt sich schon Rechenschaft über seine Gedanken, diese Brutstätte der Worte und der Taten? Und doch haben die Wort- und Tatsünden ihre Wurzeln in den Sünden der Gedanken. Prüfen Sie doch einmal, was sie vom Morgen bis zum Abend so alles denken! Wenn Menschen Ihren Weg kreuzen – sind Sie da immer ganz in der Liebe und beten für sie: „Herr, segne sie mehr als mich!"?

Bei dieser Rechenschaftsablage wird Ihnen ein gelinder Schreck in die Glieder fahren, wenn Ihnen klar wird, was sich in Ihrem Innern so alles abspielt und wie leicht Ihnen diese Passage des Confiteor bisher von den Lippen gekommen ist, vielleicht von Kindesbeinen an.

Erst nach dem Bekenntnis der Gedankensünden folgt das Bekenntnis der Wort- und Tatsünden. Und wenn uns Umfang und Gewicht unserer Verfehlungen auf diese Weise vor Augen stehen, dann leuchtet uns auch ein, wie berechtigt das Schlagen an die Brust ist.

Der Priester spricht sodann in der Vollmacht seines Priestertums die Bitte an Gott aus, uns die Schuld zu vergeben, damit wir wirklich in der Kraft unseres besonderen und allgemeinen Priestertums nun Christus zur Verfügung stehen und damit er in uns, seinem Leib, handelnd gegenwärtig sein kann. Er kann dies in seiner ganzen Fülle nur dann, wenn sämtliche Embolien – solche gibt es auch im mystischen Leib! – beseitigt sind.

Wenn auch nur einer von uns sagt oder denkt: „Den Kerl da hinten nehme ich nicht an!“, dann ist bereits ein Bruch der Beziehung zwischen den Gliedern eingetreten und der Blutkreislauf der Gnade ist sozusagen durch eine Embolie blockiert, und das kann zum Tod des ganzen Leibes führen.

Wenn aber der Leib nun tatsächlich gereinigt ist, reingewaschen durch das Blut des Lammes, und Christus in uns gegenwärtig werden kann, dann ist es Zeit, ihn in unserer Mitte mit Lobpreis zu begrüßen. Dies geschieht im *Kyrie.*

Die Kyrie-Rufe

Die Kyrie-Rufe sind keine Erbarme-dich-Rufe. Sie tragen im Messbuch zwar auch diesen Namen, sind aber in ihrer ursprünglichen Bedeutung Jubelrufe, nämlich Zurufe des Volkes an einen König oder an den römischen Kaiser, wenn dieser im Triumph in die Stadt einzog. Das Volk jubelte dann in Erwartung von Hulderweisen dem „kyrios“, dem Herrn, dem „göttlichen“ Kaiser zu. Die Christen haben diesen Begriff auf Christus übertragen, ihrem eigentlichen König, auf den durch den Vater erhöhten Herrn. „Kyrie eleison!“ ist also ein Jubelruf mit der Bedeutung: Herr, du allein bist der Kyrios : erbarme dich unser, sei uns gnädig, erweise uns deine Huld, sei gut zu uns!

So sind auch die Kyrie-Litaneien im Gotteslob keine Bußrufe, sondern Jubelrufe, mit denen immer eine Großtat Gottes angesprochen wird: „Herr, du hast

uns unsere Schuld vergeben!" – „Herr, erbarme dich!" ----- „Du wirst kommen in Herrlichkeit!" – „Herr, erbarme dich!"----- „Du bist der unendlich barmherzige Gott!" – „Herr, erbarme dich!"
Die ganze Kyrie-Litanei ist an Christus gerichtet. Es geht jetzt um ihn, den in uns, seinem Leib, gegenwärtigen Herrn:" Kyrie eleison – Christe eleison – Kyrie eleison."
Es kommt vor dass die Kyrie-Litanei an den Vater, den Sohn und den Heiligen Geist gerichtet wird. Das ist nicht korrekt. Das Kyrie gilt Christus, der als der „Kyrios", als der „Christos" in uns gegrüßt wird.
An Sonn- und Feiertagen wird das Kyrie im Gloria weitergeführt, an den gewöhnlichen Werktagen müssen die Kyrie-Rufe den Lobpreis und die Begrüßung des Herrn in uns, seiner Gemeinde, ersetzen.
Es käme geradezu einer Erneuerung der Liturgie gleich, wenn wir das, was wir feiern, wirklich auch mit voller Bewusstheit und Überzeugung feiern würden; wenn im Kyrie wirklich spürbar würde, dass die Gemeinde jetzt den Herrn freudig begrüßt, weil sie der Überzeugung ist, dass nach erfolgter Versöhnung er unter uns ist. Es sei noch hinzugefügt, dass der Kyrie-Ruf dem Hosanna-Ruf des Palmsonntags für den in seine Stadt Jerusalem einziehenden König entspricht.

Das Gloria

Das *Gloria* ist eine Fortsetzung des Kyrie, ein Lobpreis auf den auferstandenen, erhöhten Herrn. Es ist ein Osterlied: „Du allein bist der Heilige. Du allein der Herr, du allein der Höchste, Jesus Christus..."

Oft fällt die Begrüßung des Herrn unter uns ganz aus; dann nämlich, wenn man das Kyrie als „Erbarme-dich-Ruf" auffasst. Aber bei rechtem liturgischen Vollzug muss der Herr jetzt an dieser Stelle begrüßt werden. Man begrüßt doch jeden Eintretenden – warum sollte man den eintretenden Herrn nicht begrüßen und über seine Gegenwart jubeln?

Das Tagesgebet

An das Gloria schließt sich das *Tagesgebet* an. Es bildet den ersten Höhepunkt in der Feier der Heiligen Messe. Nun wird der Vater zum ersten Mal angesprochen, und Christus in uns betet jetzt zum Vater (nachher, in der Feier der Eucharistie, wird er dem Vater das große Dankgebet darbringen, sich selbst als Dank). Das Tagesgebet ist ein Priestergebet. Der Priester lädt die Gemeinde ein, zusammen mit Christus zum Vater zu beten. In diesem vom Priester gesprochenen Sammelgebet bringt Christus die persönlichen Anliegen der Einzelnen als seine Anliegen vor den Vater. Deshalb soll nach der Einladung des Priesters: „Lasset uns beten!" eine Pause eingehalten werden, in der jeder seine persönlichen Anliegen vorbringen kann. Wer aber nimmt diese Möglichkeit auch wahr? Wem bedeutet es etwas, dass Christus selber die Anliegen eines jeden zu den seinen macht und sie dem Vater vorträgt?

Das Tagesgebet ist daneben ein Modell christlichen Betens. Der erste Satz ist immer Lobpreis, eine Verkündigung einer Großtat Gottes. Darin ist das ganze Geheimnis der Tagesliturgie zusammengefasst. Es ist die „Praedicatio". Ihr folgt die „ Precatio", die an Gott gerichtete Bitte. Den

Abschluss bildet die „Interpellatio“, bei der wir „durch Jesus Christus“ bitten, was bedeutet, dass er selber in uns, seiner Kirche, bittet.
Nehmen wir als Beispiel hierzu das Tagesgebet vom Dreifaltigkeitssonntag. „Herr, himmlischer Vater..“: der Vater wird durch Jesus in uns angesprochen. „Du hast dein Wort und deinen Geist in die Welt gesandt, um das Geheimnis des göttlichen Lebens zu offenbaren.“: das ist die Verkündigung der Großtat Gottes. Und nun folgt die Bitte: „Gib, dass wir im wahren Glauben die Größe der göttlichen Dreifaltigkeit bekennen und die Einheit der drei Personen in ihrem machtvollen Wirken verehren.“ Den Schluss bildet die Interpellatio: „Darum bitten wir durch Jesus Christus, deinen Sohn, unsern Herrn und Gott, der in der Einheit des Heiligen Geistes mit dir lebt und herrscht in Ewigkeit.“
Oder nehmen wir das Tagesgebet vom 14. Sonntag im Jahreskreis: „Barmherziger Gott,“: der Vater ist angesprochen. „Durch die Erniedrigung deines Sohnes hast du die gefallene Menschheit wieder aufgerichtet und aus der Knechtschaft der Sünde befreit.“: das ist das Geheimnis dieses Sonntags, das auch in der Lesung zu finden ist; aufgrund dieser Großtat Gottes folgt nun die Bitte des Volkes: „Erfülle uns mit Freude über die Erlösung und führe uns zur ewigen Seligkeit. Darum bitten wir durch Jesus Christus...“
Dieser Gebetsaufbau findet sich an allen Tagen. An Heiligenfesten wird in der ersten Zeile immer das Geheimnis dargelegt, das im jeweiligen Tagesheiligen offenbar wird als Großtat, die Gott in ihm gewirkt hat. Hier wird deutlich, dass Heiligen- und Marienfeste ein einziger Lobpreis Gottes sind: „Gott, du hast in Maria... gewirkt.“ Oder: „ Du hast im heiligen... (das oder jenes) gewirkt. Deshalb bit-

ten wir dich..." Oder. „Du hast es gewirkt. Es ist eine Offenbarung deiner Größe." – Das ist Lobpreis, Lobpreis auf die Gnade, die in bestimmten Menschen sichtbar geworden ist.
Mit dem Lobpreis das Gebet zu beginnen, ist Modell christlichen Betens, wie es uns im Tagesgebet gezeigt wird. Und wir – beginnen wir nicht meistens mit Bitten? Die Bitte aber kommt nach dem Lobpreis: Deshalb, weil du das getan hast, wagen auch wir dich darum zu bitten, und zwar durch Jesus Christus, unseren einzigen Mittler.
Im Schott ist das Tagesgebet so aufgegliedert, dass in jeder Zeile jeweils ein Gedanke steht. Es ist wichtig, dass der Vorbetende jede Zeile für sich betet und zwischen die Zeilen eine kurze Pause einfügt, damit der jeweilige Gedanke auch zur Geltung kommen kann. Ähnliches gilt auch für die persönliche Betrachtung sowie für das Umgehen mit den Kanontexten.

2. Die Gegenwart Christi in seinem Wort

Christus ist nun in uns, seinem mystischen Leib, gegenwärtig. Wir haben uns bereitet, und unser Herz ist offen auf ihn hin, auf seine Gegenwart im Wort.
In *Lesung* und *Evangelium* begegnen wir Jesus in seiner zweiten Gegenwartsweise. Beide sind gleichermaßen Wort Gottes, wenngleich sich die Liturgie mehr des Evangeliums annimmt. Der Grund hierfür ist, dass das Evangelium das Wort Jesu selbst ist. Aber auch der Lesung gilt ein kleiner Ritus, der, sofern man ihn kennt und bewusst vollzieht, von großer Tiefe ist.

Die Lesung

In der Anweisung zur *Lesung* heißt es, der Lektor solle das geschlossen daliegende Lektorenbuch aufschlagen. Dieses einfache Symbol erinnert an das 5. Kapitel der Apokalypse, an die Stelle wo es um das Buch geht, das mit sieben Siegeln versiegelt war. Große Trauer herrschte im Himmel, weil niemand gewürdigt worden war dieses Buch zu öffnen. Plötzlich aber bricht Jubel aus, denn das geschlachtete Lamm war würdig, das Buch zu öffnen.
Das Buch mit den sieben Siegeln ist das Buch, in dem uns all das offenbart wird, was von ewigen Zeiten her in Gott verborgen war und was jetzt, in der Fülle der Zeit, seiner Kirche offenbart wird – und über die Kirche auch den Engeln. Das Lamm allein war würdig, das Buch zu öffnen. Da nun aber jeder Getaufte hineingestorben ist in den Tod Jesu,

in den Tod des Lammes, nimmt er auch teil an dessen Vollmacht. So hat jeder Getaufte das Recht, das Buch mit den sieben Siegeln zu öffnen und die ewigen Geheimnisse Gottes zu verkünden.
Wenn der Lektor das weiß und in diesem Bewusstsein das Buch öffnet, kann dies zu einem Akt tiefer Ehrerbietung werden. Er wird die Herzen der Mitfeiernden, die um dieses Geheimnis wissen, aufschließen und sie zu wirklich Hörenden machen. Es wird ihnen ja nicht etwas gesagt, was der menschlichen Erfahrung zugänglich wäre, sondern etwas, das ewig in Gott verborgen ist.
In den Anweisungen an den Lektor heißt es weiter, er solle die Lesung mit derselben Ehrfurcht vortragen, mit der ein Kommunionhelfer den Leib Christi austeilt. Er muss sich also bewusst sein, dass Christus selber in dem Wort anwesend ist und somit im Wort an die Gemeinde ausgeteilt wird. Die Aufmerksamkeit der Mithörenden wird dann bereits durch die entsprechende Haltung des Lektors hingelenkt auf das, was jetzt verkündet wird. Wichtig ist auch, dass der Lektor verständlich und in richtiger Betonung spricht, damit das Wort auch in das Herz der Menschen eindringen kann.
Leider haben nicht wenige Lektoren keinen Zugang zu diesem Geheimnis; sie treten unsicher und befangen auf und haben Scheu davor, so etwas „Frommes“ vorlesen zu müssen..... Dazu aber ist das Wort zu schade, und die Chance, die verborgenen Schätze der Liturgie zu heben und so tiefer ins Geheimnis hineinzuwachsen, ist vertan.

Diese kleinen Anweisungen können der Gemeinde eine große Hilfe sein, das Wort wirklich als Offenbarung in sich einzulassen, als Wort in dem Christus persönlich gegenwärtig ist.

Der Zwischengesang

Auf die Lesung folgt der *Zwischengesang,* das sogenannte *Graduale.*
Leider muss man es oft erleben, dass hier, um die Gemeinde zu aktivieren, ein „Wald- und Wiesenlied" erklingt, das mit dem Inhalt der Lesung wenig gemeinsam hat. Damit ist aber der Sinn des Zwischengesangs verfehlt, der doch die Aufgabe hat, die Kernaussage der Lesung aufzugreifen und meditierend zu vertiefen. Die Liturgieerneuerung hat sich große Mühe gegeben, aus den Psalmen Worte Gottes zusammenzusuchen, die den Kerngedanken der Lesung umschreiben und in Gesang und Gebet vertiefen; das gilt besonders für den Kehrvers. Lieder als Zwischengesänge bedürfen einer sorgfältigen Auswahl.

Das Halleluja

An die Lesung schließt sich an das *Halleluja* mit einem Kurzvers, der den Sinn des Wortes Gottes aufgreift. Damit begrüßt die Gemeinde Christus, der jetzt in seinem Wort zu uns sprechen will. Dieser Kurzvers ist eingerahmt von Halleluja-Rufen. Zu diesem Ruf, der ja der Osterjubel auf den Herrn ist, steht die Gemeinde auf.

Das Evangelium

Vor dem *Evangelium* betet der Priester noch einmal eine Art Bußgebet: „Herr, reinige mein Herz und meine Lippen, damit ich deine Frohe Botschaft würdig verkündige."

Beim Verkünden des *Evangeliums* werden im feierlichen Gottesdienst die Kerzen (als Symbole des Lichts) und Weihrauch (als Symbol der Anbetung des Herrn im Wort) mitgetragen. Am Schluss des Evangeliums küsst der Priester das Evangelienbuch. Er küsst dabei nicht bloß ein Buch, sondern bringt die persönliche Begegnung mit Christus in seinem Wort zum Ausdruck.

Die Predigt

Für die *Predigt* weist das Vaticanum II im Priesterdekret die Priester folgendermaßen an: Die Priester sollen nicht ihre eigenen Gedanken vortragen, sondern allein Gottes Wort. Das heißt nichts anderes, als dass sie um die Gabe der Lehre und des prophetischen Wortes bitten sollen: „Herr, was brauchen die Menschen? Wie sieht es aus in ihrem Leben? Was soll ich jetzt sagen?" Um dies müssen sie bereits bei der Vorbereitung der Predigt bitten.

Das Glaubensbekenntnis

Am Sonntag folgt nach dem Evangelium das *Glaubensbekenntnis.* Bei der Erneuerung der Liturgie hat man überlegt, ob man das Glaubensbekenntnis mit dem Kreuzzeichen zu Beginn zusammenlegen sollte, weil ja das Glaubensbekenntnis bei der Taufe gebetet wird. Man hat es aber dann doch an dieser Stelle gelassen, um noch einmal den Bogen zu schlagen vom Beginn der Eucharistie bis hierher, und zwar als Zeichen dafür, dass man das Tor der Taufe durchschreiten muss, um zur Eucharistie zu gelangen. In früheren Zeiten

mussten die Taufbewerber an dieser Stelle der Heiligen Messe den Raum verlassen; wer noch nicht getauft war, durfte hier nicht mehr weiterfeiern.
Es soll uns also beim Beten des Glaubensbekenntnisses um ein ganz bewusstes Bekennen unseres Glaubens an den Dreifaltigen Gott gehen. An dieser Stelle sollten wir uns auch nochmals unserer Taufe bewusst werden und uns den Durchzug durchs Rote Meer vor Augen halten, der die Voraussetzung dafür war, dass sie dann in die Wüste gelangten, wo ihnen Manna, das Brot des Lebens zuteil wurde.

Die Fürbitten

Sie wurden Jahrhunderte hindurch vernachlässigt, nur am Karfreitag wurden sie noch regelmäßig gebetet. Wir freilich müssen uns die Frage stellen, ob uns die Fürbitten nicht schon so sehr zur Gewohnheit geworden sind, dass wir uns ihre Inhalte gar nicht mehr bewusst machen. Betet man nicht irgend etwas herunter, und die Leute antworten mehr oder weniger gedankenlos: „Wir bitten dich, erhöre uns!“? Auch hier wäre eine intensivere Beteiligung der Gemeinde nötig.
Es geht hier ja um ein „priesterliches Beten“, wie es in der Vorlage der Liturgie heißt. Hier betet das priesterliche Gottesvolk, und die vorgetragenen Bitten sind keineswegs meine Privatanliegen. Priesterliches Beten aber ist ein Beten mit Vollmacht, ein Beten im Auftrag Gottes. Es ist immer bevollmächtigtes und stellvertretendes Beten. Auch dessen müssen wir uns als priesterliches Gottesvolk wieder bewusst werden! Deshalb ist hier auch ein Raster vorgegeben:

- Fürbitte für die Welt: für Regierungen, für einzelne Geschehnisse und Vorgänge in der Welt, für bestimmte Völker, für die ganze Welt;

- Fürbitte für die Kirche für einzelne Verantwortliche: für den Papst, für die Bischöfe, aber auch für die Familien usw.;
- Fürbitte für die jeweils anwesende Kirche: für die Gemeinde, der man zugehört und für die man mit verantwortlich ist;
- Fürbitte für die leidende Kirche: für die armen Seelen.

Im Bewusstsein dieser Vollmacht unseres Priestertums, das uns in der Taufe gegeben und eingesiegelt worden ist, dürfen und sollen wir stellvertretend eintreten für Welt und Kirche, um ihnen den Weg des Heils zu öffnen.

Wir haben aufgezeigt, wie sich die Liturgie um die Gegenwart Jesu in seinem Leib und seinem Wort rankt, und sind dabei mehr und mehr zur Erkenntnis gelangt, dass es sich lohnt zusammenzukommen und das Geheimnis dieser beiden Gegenwartsweisen Jesu zu erleben. Das gilt auch für unsere Zusammenkünfte im Gebets- oder Bibelkreis, wo Christus ebenfalls in unserer Mitte gegenwärtig ist. Da auch bei diesen Treffen die Reinigung des Leibes nötig ist, sollte auch hier am Anfang ein Bußakt stehen, damit Christus wirklich unter uns sein kann. Daran anschließen sollte sich der Lobpreis als Begrüßung des Herrn. Dann erst sollte man die Schrift betrachten, Fürbitte leisten und Gott Dank sagen. So würde das Modell des Wortgottesdienstes auch zum Modell für Zusammenkünfte im kleinen Kreis.

Wir sollten uns bewusst sein, dass wir uns nicht deswegen versammeln, weil es schön und nützlich ist, sondern weil Christus in uns gegenwärtig werden will. Dafür müssen wir aber die Voraussetzungen schaffen. Dies geschieht in einem Bußakt, der auch in Stille vollzogen werden kann, wobei ein jeder seine Beziehungen zum Nächsten reinigen kann.

3. Die eucharistische Gegenwartsweise Jesu

Die Liturgie war uns bisher Hilfe und Führung, die Gegenwart Gottes in seinem, Leib, der Kirche, und in seinem Wort zu erspüren. Das soll sie uns auch sein bei der Betrachtung der Gegenwart Jesu in der Eucharistie. Wir werden dabei erkennen, dass der ganze Kanon und alle Gebete gleichsam ein gebeteter Kommentar und Erklärungsversuch des unbegreiflichen Geheimnisses der Eucharistie sind. Indes: haben wir nicht auch hier immer wieder das Empfinden, als bestehe die ganze Liturgie aus einem Block von – uns nur allzu bekannten – Gesten, Worten und Riten? Eine Betrachtung der einzelnen Gebete kann uns helfen, diesen Block aufzubrechen und zu einem vertieften Verständnis zu gelangen.
Beim Ritus der Eucharistie unterscheiden wir drei Gebetsformen:

Priestergebete: Hier betet der Priester, d.h. Christus betet in ihm. In der Feier der Eucharistie („Danksagung") sagt Christus dem Vater Dank, indem er sich selbst hingibt. Das ist der ganze *Kanon.* Zu den Priestergebeten gehören auch *Tagesgebet, Gabengebet* und *Schlussgebet;* Gebete, durch die Christus im Priester zum Vater betet.

Begleitgebete: Sie begleiten einen Ritus und erläutern seine Bedeutung.

Rüstgebete: Sie rüsten uns zu für die Einheit mit Christus in der Kommunion. Sie beginnen mit dem Vaterunser.

Nun zu den einzelnen Gebetsformen.

Der Kanon – die Herzmitte der Eucharistie

Es soll auch hier wieder versucht werden, hinter den Wortlaut zu schauen und die Übersetzung von den deutschen Begriffen ins Geheimnis zu wagen, an das sie rühren und es offenbar machen wollen.

Unmittelbar nach der Wandlung heißt es: *„Darum,* gütiger Vater...".Dieses kleine Wort „darum" findet sich in allen Kanones. Seinen Sinn bekommt es erst, wenn man weiß, dass es rückbezüglich ist und den Auftrag Jesu aufgreift: „Tut dies zu meinem Gedächtnis." Es meint also: „Weil du, Christus, es gesagt hast, darum feiern wir das Gedächtnis unserer Erlösung." Hier handelt es sich um eine Gehorsamserklärung der Kirche. Und das kann uns manches Mal durchaus eine Hilfe sein – wenn uns die Mitfeier schwerfällt, wenn wir nichts empfinden und müde sind ...

In diesem Zusammenhang sollten wir uns eines klar machen: Wir gehen nicht zur Heiligen Messe, weil wir Spaß daran haben oder dem lieben Gott eine Freude machen wollen, sondern wir gehen hin in Gehorsam. Wir feiern seinen „Gehorsam bis zum Tod" unsrerseits aus Gehorsam und nicht etwa, weil wir dessen würdig wären. Erst aus dieser Gehorsamserklärung heraus darf es die Kirche überhaupt wagen, das „Gedächtnis unserer Erlösung" zu feiern.

Es folgen nun Begriffe, die in den einzelnen Kanones entweder so wörtlich verwendet oder umschrieben sind: Opfer, Gabe und – als zusammengesetzter Begriff – Opfergabe. Zu deren Verständnis kann uns die Opfertheologie bzw. -theorie von Papst Pius XII. eine große Hilfe sein: Demnach gehörten zu einem geistig-religiösen Opfer immer zweierlei: die „oblatio" und die „immolatio", zwei lateinische Begriffe, die beide mit „Opfer" wieder-

gegeben werden. „Oblatio" meint dabei die Opfergesinnung, die Opfermotivation, die bei Jesus im Gehorsam gegenüber dem Vater und in seiner Liebe zu den Menschen bestand. „Immmolatio" hingegen ist die Leidensfähigkeit des Opfers, welches das, was es hingebend fühlt, auch tatsächlich erleidet. Das war bei Christus sein Leiden und Sterben am Kreuz. Beides, oblatio und immolatio, gehört also zu einem Opfer. Wenn Jesus „nur so" gekreuzigt worden wäre, ohne dass er als Intention den Gehorsam gegenüber dem Vater und die Liebe zu den Menschen gehabt hätte, so wäre seine Kreuzigung kein Opfer gewesen, sondern ein Justizmord. Hätte er nur die Gesinnung gehabt, ohne dass ihm jemand das Leben genommen hätte, so wäre das ebensowenig ein Opfer gewesen.
In der hl. Messe feiern wir die Erneuerung des Kreuzesopfers Christi. Dieses Opfer wird neu gegenwärtig, und zwar nicht nur bildhaft-symbolisch, sondern real. Nun ist aber Jesus bereits verklärten Leibes – er ist somit im Sinne des Opfers nicht mehr leidensfähig. Folglich könnte so das Opfer Christi auch nicht gegenwärtig gesetzt werden und bliebe reine Erinnerung.

Die Leidensunfähigkeit des verklärten Leibes wird in der Eucharistie ergänzt durch die Leidensfähigkeit des mystischen Leibes – durch uns. So wird es für uns plausibel, dass die Eucharistie nicht einfach nur im Dabeisein bei der Erneuerung des Kreuzesopfers und der Auferstehung Christi besteht, sondern dass es ein totales Mithineingenommensein und Hingeopfertsein ist. Wir ahnen hier auch etwas von der Bedeutung des Wortes des hl. Paulus, wenn er sagt, dass wir an unserem Leibe das ergänzen müssen, was an den Leiden Christi noch mangelt

(vgl. Kol 1,24). Was aber – wenn doch an den Leiden Christi nichts mangelt ?! Der Widerspruch löst sich jedoch auf, wenn wir zur Kenntnis nehmen, dass Eucharistie nur möglich ist zusammen mit dem geheimnisvollen Leib Christi, also mit – uns! Wir gehören dazu, wir sind die Ergänzung.
Von der Eucharistie sagt das Vaticanum II: „ Die Eucharistie ist der Höhepunkt allen Heilsgeschehens.“ Sie ist auch Höhepunkt und Mitte unseres Lebens. Denn hier bringen wir unser Leben ein, uns selbst, unser Arbeiten und Leiden, unsere Freude,.... alles was aus Liebe geschehen ist. Alles, was ich gedacht, geredet und getan habe ohne Liebe ist sinnlos und – um mit der Schrift zu sprechen – vergeht zusammen mit der Gestalt der Welt für immer. Es hat keinen Sinn und trägt keine Frucht. Aber was aus der Liebe heraus geschieht – und sei es nur, dass ich, wie die Kleine Theresia sagt, eine Stecknadel aus Liebe zum Herrn aufhebe – ist geradezu weltbewegend. Denn alles Leiden und Arbeiten, alle Freude u.dgl. was aus der Liebe geschieht, all das wird in der Eucharistie zum Leiden, Arbeiten, zur Freude Jesu selbst: hier fließt alles zusammen und ineinander und wird zur Leidensfähigkeit des Opfers in der Eucharistie.

Im Deutschen wird das zusammenfassend ausgedrückt mit dem Wort „Gabe“. Das ist die Gabe des Menschen, und das sind wir, die wir uns in der Gabenbereitung darbringen. Es geht hier nicht nur um die Gabe von Brot und Wein, sondern vor allem um uns als Gabe. Das tritt in den Gebeten ganz klar zu Tage.

Es geht also, um es nochmals zu sagen, um uns, um diese Leidensfähigkeit, welche die Mitvoraussetzung ist, dass Eucharistie geschehen kann.

Mit dem Wort „Opfer“ wird die Opfergesinnung,

die „oblatio“ ausgedrückt, die Opfergesinnung Jesu, der jetzt in Gänze anwesend ist. Er ist es mit Fleisch und Blut, mit Gottheit und Menschheit, mit Leib und Seele und mit seiner Gesinnung am Kreuz: Gehorsam gegenüber dem Vater, Liebe zu den Menschen, Bereitschaft zur Lebenshingabe. Mit eben derselben totalen Bereitschaft ist er jetzt anwesend.

Das zusammengesetzte Wort „Opfergabe“ erfährt seine Konkretisierung in der Kommunion, wo wir, wie Augustinus sagt, in das verwandelt werden, was wir essen. Hier fließen die Opfergesinnung Jesu einerseits und unsere Hingabe – unser Leben, Arbeiten, alles was aus der Liebe geschehen ist und von uns in der Gabenbereitung eingebracht worden ist – andrerseits in eins zusammen. In der Kommunion vollzieht sich ein sakramentales Ineinander der einmaligen Opfergesinnung Jesu und unseres Opfers heute, das so zum Opfer der Kirche, zur Verherrlichung des Vaters und zum Heil der Menschen von heute wird. Das ist Eucharistie: Höhepunkt allen Heilsgeschehens, Höhepunkt und Mitte unseres Lebens, wo unser Leben zum Leben Christi wird. Hier erhält alles, was wir je in unserem Leben aus der Liebe getan haben – und mag es noch so gering sein – den Wert des erlösenden Lebens Jesu Christi für die heutige Welt. Eucharistie unterlassen heißt daher eigentlich nicht weniger, als sein Leben wertlos sein lassen.

So gesehen ist es einleuchtend, dass Eucharistie auch Höhepunkt der Evangelisation ist, wie das Vaticanum II feststellt. Denn die Quelle der Evangelisation sprudelt am ergiebigsten, wenn und wo mein Leben den Wert des erlösenden Lebens Christi bekommt. All das ist zusammengefasst in diesen drei schlichten Worten:

Gabe – das sind wir; unser Leben, Arbeiten, Leiden, unsere Freude; alles, was aus der Liebe geschieht;
Opfer – das ist diese einmalige Opfergesinnung Jesu, mit der er jetzt ganz real anwesend ist;
Opfergabe – das ist das sakramentale Ineinander von beidem, das Verschmelzen von Opfer und Gabe zu dem einen Opfer der Kirche heute, zur Erlösung der Welt heute.
Die Formulierung des Kanons kann uns das noch bewusster machen. So heißt es z. B. im 3. Kanon:
„So bringen wir dir mit Lob und Dank dieses heilige und lebendige Opfer dar“: es ist die Opfergesinnung Jesu, sein Leib und sein Blut.
„Schau gütig auf die Gabe deiner Kirche“: das sind wir!
„Denn sie stellt dir das Lamm vor Augen,“: nämlich das leidensfähige Lamm.
„das geopfert wurde und uns nach deinem Willen mit dir versöhnt hat“: dieses Lamm wird jetzt durch die Kirche dargestellt.
„Stärke uns durch den Leib und das Blut deines Sohnes“: hier wird die Kommunionbitte ausgesprochen.
„und erfülle uns mit seinem Heiligen Geist, damit wir ein Leib und ein Geist werden in Christus“: das ist ein Versuch auszudrücken, was Opfergabe ist, nämlich das verschmelzende Ineinander.
„Erfülle uns mit seinem Heiligen Geist“: das ist eine Epiklese. In jeder Eucharistiefeier findet sich eine zweifache Herabrufung des Heiligen Geistes, durch den alles Heil geschieht und durch den auch Christus in allen Sakramenten Heil und Verwandlung wirkt. Die erste erfolgt vor der Wandlung, wenn der Priester die Hände über die Gaben ausbreitet und den Heiligen Geist herabruft, dass er Brot und Wein in Leib und Blut Christi verwandle.

Die zweite geschieht nach der Wandlung, wenn der Priester den Geist über die Gemeinde als den versammelten Leib Christi herabruft, damit alle Glieder in der Kommunion beim Empfang des Leibes und Blutes Christi in diesen Christus verwandelt werden. Wie vorher Brot und Wein durch den Geist in Leib und Blut Christi verwandelt wurden, so werden wir in der Kommunion in Jesus Christus verwandelt: „damit wir ein Leib und ein Geist werden in Christus.“ Es sind dies also ganz bedeutsame Sätze. Ihr Inhalt ist etwas anders, aber nicht weniger tief ausgedrückt im 4. Kanon:

„So bringen wir dir seinen Leib und sein Blut dar, das Opfer, das dir wohlgefällt und der ganzen Welt Heil bringt“: hier wird die „oblatio“, die Opfergesinnung, angesprochen, mit der Christus mit Leib und Blut anwesend ist.

„Sieh her auf die Opfergabe,“: das ist das sakramentale Ineinander. „die du selber deiner Kirche bereitet hast, und gib, dass alle, die Anteil erhalten an dem einen Brot und dem einen Kelch, ein Leib werden im Heiligen Geist, eine lebendige Opfergabe in Christus, zum Lob deiner Herrlichkeit.“

Das sind also zwei Versuche, dieses sakramentale Ineinander in Worte zu fassen: „Ein Leib und ein Geist werden in Christus“ (3. Kanon) und „eine lebendige Opfergabe in Christus“ (4. Kanon). Während im 2. Kanon die Worte „Gabe“, „Opfer“ und „Opfergabe“ stark umschrieben sind, aber die Umschreibung doch Gleiches beinhaltet, finden wir in einem weiteren Kanon Worte, die denen des 4. Kanons ähnlich sind, nämlich im 1. Kanon:

Auffallend ist hier, dass unsere drei Begriffe in eine enge Verbindung gebracht werden mit alttestamentlichen Vorbildern:

„...blicke versöhnt und gütig darauf nieder“: auf die Opfergabe, das Opfer der Kirche, diese Verschmelzung des Leibes Christi mit Christus.
„und nimm sie an wie einst die Gaben deines gerechten Dieners Abel,“: das ist die Gabe des Menschen, seine Arbeit, sein Leiden...
„das Opfer unseres Vaters Abraham“: das ist Isaak, das Vorbild für Jesus.
„wie die heilige Gabe, das reine Opfer deines Hohenpriesters Melchisedek“: heilige Gabe – reines Opfer, also die Opfergabe des Melchisedek, der seinerzeit nach der Schlacht dem Abraham begegnet und einen ganz anderen Priestertypus darstellte als die levitischen Priester. Er ist das Vorbild für das neutestamentliche Priestertum, das kein Erbpriestertum ist, sondern ein einmaliges Priestertum: „Du bist Priester auf ewig nach der Ordnung Melchisedeks“ (vgl. Ps 110,4; Hebr 5,6.10; 6,20; 7,17.21). Und Melchisedek hat Brot und Wein geopfert – Vorbilder für die Eucharistie.
In allen vier Kanones folgt sodann die Partizipialkonstruktion „memores offerimus“, deren wörtliche Übersetzung lautet: „gedenkend opfern wir“. Sie ist in diesem Textzusammenhang inhaltlich geradezu einmalig. Warum? Wenn wir etwas feiern, gedenken wir normalerweise eines bestimmten Anlasses. Wenn ich z.B. heute Geburtstag feiere, so „gedenke“ ich einfach meiner Geburt, die soundsoviele Jahre zurückliegt, ohne dass diese meine Geburt heute Gegenwart wird. Hier im Kanon jedoch gedenken wir des Todes und der Auferstehung Christi in einer Weise, dass sein Tod und seine Auferstehung so gegenwärtig sind, dass sie jetzt geschehen. Ins Deutsche wird der lateinische Ausdruck „memores offerimus“ mit zwei Sätzen wiedergegeben. So heißt es im 3. Kanon:

„Darum, gütiger Vater, feiern wir das Gedächtnis deines Sohnes. Wir gedenken seines Todes und seiner Auferstehung“: wir gedenken seines ganzen Lebens, von der Menschwerdung bis zur Wiederkunft. Das ist das Lebensgedächtnis Jesu.
„Wir verkünden sein heilbringendes Leiden, seine glorreiche Auferstehung und Himmelfahrt und erwarten seine Wiederkunft.“
„Wir verkünden...“: das bedeutet keine Verkündigung mit Worten, sondern eine Verkündigung durch seine Gegenwart. Wir erinnern nicht nur mit Worten an sein heilbringendes Leiden, sondern Jesus Christus ist jetzt gegenwärtig mit der Gesinnung, die er in seinem Leiden hatte. Er ist hier anwesend mit der Gesinnung, jetzt für mich das ganze Leiden noch einmal auf sich zu nehmen, wenn Gott es so wollte. Dass er es getan hat, ist jetzt Gegenwart. Die Bereitschaft am Kreuz ist die gleiche- heute wie damals. Er ist jetzt anwesend mit einer Bereitschaft, als stünde ich in der Person des Johannes unter dem Kreuz. Das ist Realität! Darum kann Augustinus sagen: „Nos ibi eramus“ – „Wir waren dort dabei“.
Hier ist ein Gott, der bereit ist, für mich ganz persönlich seinen Leidensweg noch einmal zu gehen bis in den bittersten Tod, bis zur Höllenfahrt – und wie feiere ich das mit, mit welcher Bereitschaft? Ich bin vielleicht müde oder gleichgültig, ich denke an tausend andere Dinge und wäre froh, wenn es schon vorbei wäre. Meine Bereitschaft und Seine Bereitschaft – erschüttert mich diese Gegenüberstellung?
Die Worte des Kanon, dieses regelrecht gebeteten Kommentars, wollen uns die Realität der Gegenwart Jesu bewusst machen:
„Wir verkünden sein heilbringendes Leiden“: es

geht jetzt, hier vor sich, denn er ist gegenwärtig. „...seine glorreiche Auferstehung“: jetzt ist der Christus des Ostermorgens gegenwärtig und mit ihm der Ostersieg! Indem ich mit ihm eins werde in der Kommunion, gibt er mir Anteil an diesem Ostersieg, dem Sieg über Sünde, Teufel, Tod und Hölle. Und ich? Wie oft feiere ich den Tod und die Auferstehung Christi, ohne mich aus Hoffnungslosigkeit und Pessimismus befreien zu können?

Hier spüren wir, dass die eigentliche Sünde der Unglaube ist und wie abscheulich der Unglaube der Gemeinde vor Gott sein muss, die während der „Eucharistie danebensteht“, und die Tiefe des Geschehens überhaupt nicht wahrnimmt; die in einer Weise mitmacht, als handele es sich nur um eine fromme Andacht, nicht aber um einen Vollzug, bei dem ich Anteil bekommen soll an der Siegeskraft Jesu. Wenn ich an diese Wahrheit nicht glaube, kann auch er nichts in mir bewirken.

„...und seine Himmelfahrt“: wir verkünden die Himmelfahrt dieses Christus, den der Vater sich zur Rechten gesetzt und dem er alle Macht im Himmel und auf Erden gegeben hat. Mit diesem Christus werde ich jetzt eins. Von daher wird uns das Wort Vinzenz Pallottis verständlich: „Wer mit Christus verbunden ist, der braucht sich vor nichts mehr zu fürchten. Denn in ihm ist eine Kraft, die er aus sich selbst nicht haben kann.“ Freilich erfahren wir diese Kraft erst dann, wenn sie gefordert wird, vorher nicht. Diese Erfahrung haben wahrscheinlich wir alle schon gemacht: wir verspüren plötzlich eine Kraft in uns, die wir uns nie zugetraut hätten. Sie wird uns nicht von irgendwo her zuteil, etwa aus der Luft; die Quelle dieser Kraft ist vielmehr die Eucharistie.

„...und erwarten seine Wiederkunft“: dieser Chris-

tus ist auch der Christus der Wiederkunft. In meiner Todesstunde wird er mir mit derselben Gesinnung entgegentreten, mit der er jetzt anwesend ist und mir begegnen will – mit seiner unendlichen, erbarmenden Liebe, aber auch in seiner unendlichen Majestät.
Diese seine Majestät verpflichtet uns zu einer gebührenden Ehrfurcht, die allein der Schlüssel zu jedwedem Geheimnis ist. Ohne Ehrfurcht erschließt sich uns niemals ein Geheimnis, weder das Geheimnis der Eucharistie, noch das Geheimnis der Ehe, noch das Geheimnis der Jungfräulichkeit, noch sonst ein Geheimnis des Glaubens – nicht umsonst ist gerade die Ehrfurchtslosigkeit die große Zeitkrankheit unserer Generation!

Im 4. Kanon findet sich noch ein Aspekt, der einige Zeit in Vergessenheit geraten war:
„Darum, gütiger Vater, feiern wir das Gedächtnis unserer Erlösung" – das ganze Lebensgedächtnis Jesu. „Wir verkünden den Tod deines Sohnes und sein Hinabsteigen zu den Vätern." (Das ist eine ungenaue Übersetzung des lateinischen „descendit ad inferos"; die wörtliche Übersetzung lautet: „er ist hinabgestiegen in die Unterwelt", d.h. in das Reich des Todes, und das bedeutet biblisch „Hölle".)
Jesus hat also die ganze Konsequenz meiner Sünden auf sich genommen, wobei die eigentliche Konsequenz meiner Sünde über den irdischen Tod hinaus der Tod im biblischen Sinn ist: ewiger Tod, absolute Gottabwesenheit, also Hölle. Jesus ist hinabgestiegen in die Hölle – in den Ort seiner Gottverlassenheit. Am Kreuz war ihm Gott immer noch gegenwärtig, die Hölle aber ist im Verständnis der Theologie die absolute Abwesenheit Gottes. Bedenken wir, was es für den Sohn Gottes bedeutet

hat, sich in die Hölle, dem absoluten Machtbereich Satans, zu begeben, wo gleichsam der Vater in seinem Sohn sich selbst total entfremdet ist. Dem menschlichen Vorstellungsvermögen entzieht sich die Größe dieses Leidens Gottes.

Ich konnte nie die Behauptung nachvollziehen, Gott könne nicht leiden. Wenngleich Jesus jetzt nicht mehr dem Leibe nach leiden kann, so gibt es doch ein göttliches Leiden. Ein Mensch, der liebt, leidet, wenn er Menschen in die Irre gehen sieht: um wieviel größer ist das Leiden göttlicher Liebe, wenn ein Mensch verlorengeht!
Ich glaube, dass Gott uns in seine Herrlichkeit führt, dass er selber aber ein Gott bleibt, der fortwährend darunter leidet, dass Menschen verlorengegangen sind, die er noch immer liebt – weil er als Gott gar nicht anders kann als lieben....
Das ist unser Gott! Und wie theoretisch – akademisch reden wir oft von diesem Gott! Wir sehen immer nur das Leiden des Sohnes. Wie aber muss der Vater gelitten haben, der sich im Sohn total entäußert hat bis in die Gottabwesenheit der Hölle – unvorstellbar! Diese Entäußerung des Vaters selbst – ein Leiden, wie es nur Gott erleiden kann; ein göttliches Leiden, wie es nur die wesenhafte Liebe erleiden kann! Und das alles bedeutet dieser einfache Satz: „...hinabgestiegen zu den Vätern“ (eigentlich: in das Reich des Todes).

Derselbe Christus ist jetzt in der Eucharistie gegenwärtig, bereit, sich um meinetwillen erneut der absoluten Gottferne, der Entfremdung des Vaters auszuliefern. Eine solch große Liebe zu mir ist in der Eucharistie (auch in der Eucharistie der Anbetung) anwesend – unvorstellbar!

Die drei verschiedenen Gegenwartsweisen Jesu – in der Kirche als dem Leib Jesu, im Wort Gottes und in der Eucharistie - treten nicht in Konkurrenz zueinander, sondern ergänzen sich vielmehr in ihren ganz verschiedenen Wirkweisen.
In der Gegenwartsweise der Eucharistie strahlt jene unüberbietbare, überschwängliche, unbegreiflich erbarmende Liebe Gottes auf, die hier auf eine unbeschreibliche Weise gegenwärtig ist. Gott kann sie gar nicht offenbaren, er kann sie nur leben. Und das tut er in der Eucharistie – in der tiefsten Erniedrigung, in der tiefsten Entäußerung Gottes. Wie ist das zu verstehen?
Bei der Menschwerdung war er immerhin Mensch. Als er gestorben war, war er immerhin noch ein toter Leib. In der Eucharistie hingegen ist er nur mehr eine leblose Sache: Brot und Wein. Er hat sich hier entäußert in eine tote Sache hinein, hat Brot und Wein zu seinem Leib und Blut gemacht... Eine darüber hinausgehende Entäußerung Gottes ist nicht mehr denkbar. Wohin sollte er sich denn noch entäußern?
All das ist mit den Worten des Kanon umfasst und gemeint. Machen wir uns doch einmal bewusst, was unsere Verkündigung bedeutet und wie sehr mich das ganz persönlich betrifft, was da jetzt Gegenwart ist: dieser ganz personale Bezug der unbegreiflichen Liebe des Vaters und des Sohnes zu mir. In diesem Zusammenhang erscheint auch folgende Stelle im Hebräerbrief in einem neuen Licht: „Als er auf Erden lebte, hat er mit lautem Schreien und unter Tränen Gebete und Bitten vor den gebracht, der ihn aus dem Tod retten konnte, und er ist erhört und aus seiner Angst befreit worden. Obwohl er der Sohn war, hat er durch Leiden den Gehorsam gelernt..." (Hebr 5, 7f)

Nun ist Tod biblisch immer ewiger Tod. Und der Vater hat sein Gebet und Bitten erhört, indem er ihn nicht im Tode gelassen, sondern am Ostermorgen auferweckt hat. Für mich verbirgt sich in diesem Wort des Hebräerbriefs die Bereitschaft Jesu: „Wenn der Vater es gewollt hätte – und das wäre zugleich auch das Leiden des Vaters gewesen - , dann wäre er als Mensch für immer in diesem Reich des Todes geblieben, damit wir alle ins Reich des Lichtes kämen."
Eine solche Liebe ist der menschlichen Vorstellung nicht zugänglich. Einen solchen Gott kann man sich nicht ausdenken. Einem solchen Gott kann man nur begegnen. Und das geschieht in der Eucharistie. Wohl hat er gefleht, nicht im Tode bleiben zu müssen; und er wurde auch, um seines Gehorsams willen, erhört (vgl. Hebr 5,7 f). Aber für mich steht hinter diesem Flehen seine Bereitschaft, im Tod zu bleiben, „wenn es der Vater gewollt hätte". Und mit dieser Bereitschaft ist Jesus in der Eucharistie gegenwärtig.
Es zeugt von großer Blindheit, an einem solchen Gott vorbeizuirren. Aber vielleicht bedeutet das auch den Auftrag an uns, die Liebe Gottes, den liebenden Gott zu verkünden und nichts anderes (etwa einen strafenden Gott). Wir selbst sind es ja, die uns strafen, wenn wir sündigen, weil wir uns damit an Leib und Seele schaden. Gott hingegen kann nur lieben – und all die Dummheiten, die wir begehen dazu benutzen, um uns weiterzuführen. Das tut er denn auch in seiner Liebe.
Das alles steht hinter so schlichten Worten. Hier spüren wir wohl auch, was Kardinal Ratzinger mit der „Übersetzung vom Deutschen ins Geheimnis" gemeint hat. Es ist dieses „memores offerimus" – „gedenkend opfern wir". Indem wir uns Jesu Tod

und Auferstehung ins Gedächtnis rufen und nachvollziehen, erleben wir dieses Geheimnis, wird es Gegenwart. Wir sind hineingenommen in dieses Geschehen und sind mitten auf Golgota, mitten im Ostermorgen, mitten in der Wiederkunft.

Kern, sozusagen Herzmitte des Kanons sind die *Wandlungsworte.* Es finden sich auch die Bezeichnungen „Deuteworte" oder „Einsetzungsbericht". Wir müssen uns aber immer bewusst sein, dass Eucharistie kein Spiel ist, sondern Vollzug. In einem Vollzug jedoch sind Worte nicht Worte, die etwas andeuten, sondern Worte, die etwas bewirken. Das ist ein großer Unterschied. Und es handelt sich auch nicht einfach um den „Einsetzungsbericht". Diesen können wir als Bericht über die Einsetzung bei Paulus lesen (1Kor 11,23). Liturgie aber ist kein Bericht, sondern ein Geschehen, bei dem sich vollzieht, was gesagt wird. Darum nennen manche Theologen die Wandlungsworte auch „Hingabegebet", weil sich Christus, gegenwärtig geworden in seinem Leib und Blut, mit diesen Worten dem Vater hingibt.

Da der Priester „in persona Christi", also in der Person Christi, spricht, ist der Priester auch angewiesen, all das auch zu tun, was er sagt. Wenn es z.B. heißt: „Er nahm das Brot in seine Hände...", dann soll er es auch in die Hände nehmen. Es ist auch für die mitfeiernde Gemeinde sehr nützlich, zeichenhaft das mitzuerleben, was sich jetzt am Altar vollzieht. Das gleiche gilt für die Worte: „Er erhob die Augen zum Himmel..." Auch das sollte der Priester wirklich tun.
Weiter heißt es: „..(er) brach das Brot und reichte es seinen Jüngern..."Nun ist das Brechen des Brotes

ein sehr tiefer Vorgang, den ohne Begleitgebet niemand verstehen würde. Deshalb ist dieser Ritus herausgenommen und kommt vor der Kommunion, zusammen mit einem das Brotbrechen erklärenden Begleitgebet. Darauf komme ich noch zu sprechen im Kapitel „Begleitgebete“.
Sodann spricht der Priester stehend oder sich verneigend (als Ausdruck der Hingabe): „Das ist mein Leib, der für euch hingegeben wird.“ Da Jesus in der Person des Priesters spricht, soll in dieser Person auch zum Ausdruck kommen, was sich jetzt ereignet: *Das ist mein Leib und mein Blut, das für euch hingegeben wird.*
Hier eine kurze Randbemerkung: Man kann immer wieder Leuten begegnen, die, von irgendwelchen Lehren irregeführt, meinen, die Eucharistie sei ungültig, weil es plötzlich heißt: „...mein Blut, das für euch und für *alle* vergossen wird...“ statt „... für *viele...*“ Ich sage das deshalb, weil Sie solchen Menschen aus ihrer Verwirrung heraushelfen können. Beide Worte haben einen bestimmten Sinn. Wenn es heißt: „Das Blut, das (für euch und) für viele vergossen wird zur Vergebung der Sünden...“,so sind mit den vielen all diejenigen gemeint, die mit dem Blut die Erlösung annehmen: für sie alle ist es vergossen. Wenn es dagegen heißt: „Das Blut, das (für euch und) für alle vergossen wird...“, so sind damit auch diejenigen gemeint, die es nicht annehmen. Beides aber ist theologisch richtig. Denn Jesu Blut ist auch für diejenigen vergossen worden, die es nicht angenommen und somit die Erlösung abgelehnt haben. Papst Paul VI. hat sich für das Zahlwort „alle“ entschieden, und zwar mit gutem Grund. Denn gemäß dieser Ausdrucksweise hat Jesus sein Blut vergossen, ohne eine Berechnung anzustellen; er hat es einfach für jeden vergossen,

auch für diejenigen, von denen er wusste, sie würden es nie annehmen. So haben wir hier eine sehr sinnvolle und tiefe Aussage. Sollte das unseren „Verwirrten“ noch nicht weiterhelfen, so verweise man sie auf das Missale Romanum von PiusV., und zwar auf die Texte vom Gründonnerstag. Hier findet sich beim Wandlungsgebet besagte Formulierung: „Er nahm das Brot in seine Hände – das ist heute... Er hat sein Blut vergossen für alle – das ist heute.“ Sie hat noch niemand in Zweifel gezogen.

Es folgen nun fürbittende und lobpreisende Gebete für die leidende, die streitende und die triumphierende Kirche. Meist wird dabei die triumphierende Kirche zuerst genannt (Maria, die Heiligen usw. im Himmel), dann die leidende Kirche (die Verstorbenen im Fegefeuer), dann die streitende Kirche auf Erden (Papst, Bischöfe, Priester, alle Gläubigen, alle Getauften). Es erscheinen diese Gebete zwar in Form der Fürbitte oder des Lobpreises, sind aber letztlich doch wieder nur ein „Kommentar“, der uns etwas Wunderbares erklären will: Wenn wir mit Christus, dem Haupt, eins sind, dann haben wir communio mit dem ganzen Leib Christi, also mit der streitenden Kirche auf Erden, mit der leidenden im Fegefeuer und mit der triumphierenden im Himmel. Wir sind jetzt mit allen verbunden, und es beginnt eine neue Kommunion – eine communicatio. Wenn wir mit allen verbunden sind, dann strömt ja all das, was Christus in den einzelnen Gliedern – im Himmel, im Fegefeuer und auf Erden – bereits gewirkt hat, auf uns alle herüber, so dass sich in uns gleichsam eine zweifache communio vollzieht.

Das ist eine wichtige Feststellung, vor allem auch für Gläubige, die zwar ehrlich ihre Sünden bereuen, aber sich so unwürdig fühlen, dass sie nicht zur Kommunion gehen. Sie werden so in die communio hineingenommen, in die sog. „communicatio sanctorum“, und haben nun auch in gewisser Weise teil am Strom der Gnade, der jetzt im ganzen Leib der Kirche fließt.

Das gilt auch für nicht-katholische Christen. Ich sage das häufig bei Seminaren zu Teilnehmern, die nicht zur Kommunion gehen können: Da wir alle ein Leib in Christus sind, haben alle, die an Christus glauben und ihre Schuld bereut haben, Anteil an diesem Lebensstrom, der uns jetzt durchfließt. Welch tiefe communio: eins geworden mit Christus, eins mit dem ganzen Leib Christi, seiner Kirche!

Nehmen wir dieses unaussprechliche Geheimnis doch wirklich ernst! Da kann Heilung und Befreiung geschehen und neue Kraft wird geschenkt. Nehmen wir dieses Geheimnis bewusst an und begnügen wir uns nicht damit, von ihm gehört oder es theoretisch zur Kenntnis genommen zu haben!

Papst Johannes Paul II. greift diesen Gedanken immer wieder auf, wenn er „praktische“ Theologie einfordert, gerade auch von den Universitäten. Die „verkopfte“ Theologie, die niemanden rettet, müsse ihren Alleinanspruch aufgeben und eine Verbindung eingehen mit der praktischen, spirituellen Theologie. Alles, was die in ihrem Wesen so lebendige und großartige Theologie eruiert und doziert, muss weitergeführt und „übersetzt“ werden. Kardinal Ratzinger und auch Kardinal Lehmann sagen beide: Wenn wir bei der Exegese, der ausschließlich geschichtskritischen Analyse, stehenbleiben und es nicht durchziehen ins Spirituelle hinein, dann ist das Wort Gottes am Ende. Beide Kirchenmänner haben das in ihren jüngsten

Veröffentlichungen deutlich ausgesprochen, aber viele scheinen dafür taub zu sein...

Diese communio kommt also in schlichten Bitt- und Lobgebeten zum Ausdruck – und es geht immer wieder um die besagte Übersetzung vom Deutschen ins Geheimnis.

Die Präfation

Die *Präfationen* sind vielfältig ihrem Inhalt nach. Sie orientieren sich am Tagesgeheimnis oder an der Jahreszeit und bilden eine Ergänzung des Kanons. In der Eucharistie wird ja alles, was je an Heil geschehen ist, zur Gegenwart und zum Angebot, auch was an Heil in allen Heiligen geschehen ist. Eigentlich müssten wir in jeder Eucharistiefeier alles jemals geschehene Heil aufzählen, um uns über das wirklich klar zu werden, was da jetzt alles angeboten wird! Aber weil wir da zu keinem Ende kämen, setzen die einzelnen Präfationen bestimmte Heilsakzente, die uns bewusst machen sollen: Alles was an Ostern beim Leiden Christi, aber auch bei Heiligen, an Heil geschehen ist, wird mir jetzt in der Kraft der Hingabe Jesu angeboten.

Das bisher Gesagte war ein kurzer Durchblick durch den Kanon. Er ist die Kernmitte der Eucharistie. Deshalb ist es auch wichtig, dass der Kanon laut gebetet wird: man soll ihn ja nachvollziehen können. Hier ist kein Platz für Privatgebete, bei denen der Einzelne nicht am konkreten Vollzug teilhaben kann. Für privates Beten ist die eucharistische Anbetung da – Eucharistiefeier aber ist ein Geschehen, in das wir hineingenommen und wo wir gebraucht werden. Wenn ich mich aber nicht bewusst und ganz darauf einlasse, kann nicht viel geschehen – mag ich noch so fromm dabei sein. Geschehen deswegen so wenig Aufbrüche des Heils, obwohl doch so viele zur Eucharistiefeier und zur Kommunion gehen?

4. Die Gebetsaufforderungen

In der Eucharistiefeier gibt es noch verschiedene *Gebetsaufforderungen,* die der Priester an die Gemeinde richtet:
Vor der Präfation: „Erhebet die Herzen!" – „Lasset uns beten zu Gott, dem allmächtigen Vater, dass er die Gaben der Kirche annehme zu seinem Lob und zum Segen der ganzen Welt."
Das sind Gebetsaufforderungen, die der Gemeinde sagen wollen: Denkt daran, was jetzt geschieht und worum es geht. Manchmal scheint es notwendig, diese Aufforderung in eigene Worte zu kleiden, um zu verhindern dass die Gemeinde gewohnheitsmäßig und ohne mitzudenken das Gesagte einfach hinnimmt.
Mehrere Male wird die Gemeinde aufgefordert, sich zu bereiten und sich Gott ganz hinzugeben: zuerst in der Gabenbereitung, dann in der Aufforderung: „Betet, Brüder und Schwestern, dass mein und euer Opfer..." „Mein Opfer" meint das Opfer Christi, in dessen Person ja der Priester spricht; mit diesem Opfer verschmilzt dann „euer Opfer".
Im folgenden Gabengebet wird nochmals diese geistige Hingabe unseres Lebens hinein in die Hingabe Jesu erbeten.
Ein weiteres Mal wird daraufhin die Gemeinde mit dem Zuruf angesprochen: „Erhebet die Herzen!" Er ist sozusagen eine Anfrage: Habt ihr eure Herzen wirklich gegeben? Oder habt ihr es verpasst, weil ihr bis jetzt geschlafen habt? (Viermal wird also die Frage gestellt: Hast du dich hingegeben? Hast du dein Leben hingelegt auf den Altar, damit das Opfer der Kirche auch wirklich geschehen kann?)
Erst wenn die Gemeinde auf diesen neuerlichen

Zuruf geantwortet hat mit ihrem „Wir haben sie beim Herrn!“ kann der Priester in der Liturgie fortschreiten. Er sagt dann: (Gut, dann lasst uns Eucharistie feiern und...) „Lasst uns Dank sagen dem Herrn, unserm Gott. Ja, es ist würdig und recht...“

Das alles muss mit voller Bewusstheit geschehen. Nicht umsonst wird unsere eigene Hingabe so betont und eingefordert. Sie ist ja eine Voraussetzung dafür, dass das ganze Geschehen im Vollzug auch wirklich fruchtbar werden kann.

5. Begleitgebete

Begleitgebete sind Gebete die einen Ritus zu dessen besserem Verständnis begleiten.

Das Begleitgebet zur Gabenbereitung

Es wurden z.B. Überlegungen angestellt, ob man die Gabenbereitung nicht in aller Stille vollziehen solle. Der Priester würde dann die Gaben ebenso still bereiten wie die Gemeinde sich selbst. Es war aber bald klar, dass dann die Gabenbereitung entfällt, weil ja „alles schon in der Sakristei gemacht wird".
Man hat deshalb zwei Gebete gewählt, die aus der Pascha-Feier der Juden genommen sind – Pascha feiernd hat ja Jesus die Eucharistie eingesetzt. Das erste Gebet lautet:
„Gepriesen bist du, Herr unser Gott, Schöpfer der Welt. Du schenkst uns das Brot, die Frucht der Erde und der menschlichen Arbeit." Zum Ausdruck unserer Hingabe wurde von Papst Paul VI. hinzugefügt: „... und der menschlichen Arbeit ..." Es ist etwas Wunderbares, dass auch Jesus Christus beim Letzten Abendmahl als Hausvater diesen Text aus der Pascha-Liturgie gebetet hat! Wir haben hier eine Nahtstelle zwischen Vorbild und Verwirklichung! Wichtig ist auch die Formulierung: Brot/Wein als Frucht der Erde und der menschlichen Arbeit. Beides wird jetzt Gott gegeben, nicht nur Brot/Wein, sondern auch unsere Arbeit und alles was mit diesem Begriff sich verbindet: unser Leben, unser Leiden, unser Mühen...

Das Begleitgebet bei der Vermischung von Wasser und Wein

Ein zweites Begleitgebet wird bei der Vermischung des Wassers mit dem Wein gesprochen: „Wie das Wasser sich mit dem Wein verbindet zum heiligen Zeichen, so lasse uns dieser Kelch teilhaben an der Gottheit Christi, der unsere Menschennatur angenommen hat."
Diese Vermischung von Wein mit Wasser (höchstens 1/3!) hat eine tiefe symbolisch-bildhafte Bedeutung. Es geschieht hier genau das, was wir vorher bei der „Opfergabe" als sakramentales Ineinander bezeichnet haben: „Wie das Wasser sich mit diesem Wein verbindet zum heiligen Zeichen" – das ist das Blut Christi! Und wenn es Blut Christi ist, dann lässt sich das Wasser nicht mehr vom Wein trennen. Es ist eben Blut Christi geworden. Und wie Wasser und Wein zum Blut Christi werden und damit nicht mehr voneinander unterscheidbar und trennbar sind, so werden wir in der Kommunion verschmelzen mit der Gottheit Christi. Auch da lässt sich nicht mehr auseinandernehmen, was vom Menschen war und was von Christus ist: Es ist das Opfer der Kirche, es ist miteinander verschmolzen. Die Worte dieses Begleitgebets sind gleichsam ein Voraus-Schauen auf das, was hernach in der communio geschieht, und damit eine Aufforderung an uns zur echten Hingabe.

Das Hingabegebet

Zu den Begleitgebeten gehört auch das folgende Hingabegebet:
„Herr, wir kommen zu dir mit reumütigem Herzen

und mit demütigem Sinn. Nimm uns an und gib, dass unser Opfer dir gefalle.“ Diese Stelle aus dem Buch Daniel gehört zu dem Gebet, das einer der drei Jünglinge, Asarja, im Feuerofen gesprochen hat (vgl. Dan 3,24ff). In dieser lebensbedrohlichen Situation lehnen sich die Jünglinge nicht gegen ihr Los auf, sondern beten mit Hingabe: „Nimm uns an und gib, dass dieses Opfer dir gefalle...“ Schöner und tiefer kann Hingabe nicht gebetet werden. Sind wir uns bewusst, dass jeder von uns seinen ganz eigenen, mehr oder weniger heißen „ Feuerofen“ hinter sich brennen hat beim Sprechen dieses Gebets? Nicht zu rebellieren, sondern das Gebet im Feuerofen zu beten: das ist Hingabe, das ist Gabenbereitung!

Das Begleitgebet zur Händewaschung

Ein weiteres Begleitgebet spricht der Priester bei der Händewaschung:
„Herr, wasch ab meine Schuld, von meinen Sünden mach mich rein.“ Auch hier handelt es sich um eine Art Bußakt. Indem der Priester seine Hände, mit denen er hernach handeln wird, reinigt, bringt er zum Ausdruck: Ich bin unwürdig – es ist alles Geschenk!

Die Begleitgebete beim Brechen des Brotes

Vor der Kommunion erläutern Begleitgebete zwei Riten.
Beim Brechen des Brotes heißt die Anweisung: Während der Leib Christi gebrochen wird, soll die Gemeinde (als Begleitgebet) das „Lamm Gottes“

sprechen. Dieses Gebet erklärt, was dieses Gebrochenwerden bedeutet: es weist auf den Tod Jesu hin, auf sein Gebrochenwerden am Kreuz. Lamm Gottes, du nimmst hinweg die Sünde der Welt, erbarme dich unser."
Das andere Begleitgebet spricht der Priester, wenn er einen Teil der Hostie in den Kelch gibt: „Das Sakrament des Leibes und Blutes schenke uns ewiges Leben." Ewiges Leben aber kommt aus der Auferstehung.
Vor diesem Ritus sind Leib und Blut Christi noch getrennt – Zeichen des Todes. Jetzt aber werden Leib und Blut wieder zusammengegeben und vermischen sich – Zeichen des Lebens, der Auferstehung. Es ergeht also vor der Kommunion nochmals der Hinweis, dass wir Tod (Gebrochenwerden) und Auferstehung (Vermischtwerden von Leib und Blut) feiern.

Bei all diesen Begleitgebeten wird dem Priester der Hinweis gegeben, sie leise zu beten, d.h. meditativ, aber doch so verständlich, dass die Gemeinde sie mitvollziehen kann.

6. Rüstgebete

Mit den Rüstgebeten wird die Gemeinde „zugerüstet“ für den Empfang der heiligen Kommunion, für die Einheit mit Christus.

Das Vaterunser

Sie beginnen mit dem *Vaterunser*, einem Gebet der Einheit, da die Einheit miteinander die Voraussetzung ist für die Einheit mit Christus. Es geht hier nur noch um „uns“ und „wir“ und nicht mehr um „ich“ oder „du“. Wir sind vollkommen eins und sprechen nur noch in der Wir-Form zum Vater.

Die Friedenslitanei

Es schließt sich eine Art *Friedenslitanei* an. Es heißt hier: „Erlöse uns, Herr, von allem Bösen, und gib Frieden in unseren Tagen.“ Diese Bitte ist von Papst Gregor zur Zeit der Völkerwanderung eingefügt worden und steht auch im ersten Kanon vor der Wandlung. Gemeint ist der Völkerfrieden, den wir heute mindestens ebenso notwendig haben.
„Komm uns zu Hilfe mit deinem Erbarmen und bewahre uns vor Verwirrung und Sünde.“ Verwirrung und Sünde aber ist der Unfriede im eigenen Herzen. Wir sollen bereit sein, „damit wir das Kommen des Herrn erwarten können.“
Sodann antwortet die Gemeinde: „Denn dein ist das Reich und die Kraft...“ Das ist ein Text, der in einer Fußnote in der Schrift steht und den die nichtkatholischen Christen schon immer als Anhang zum Vaterunser gebetet haben. Liturgietheologen sehen

darin wohl zu Recht einen Hinweis auf den ökumenischen Frieden.
An die Bitte um den Frieden in der Kirche: „Schenke deiner Kirche Einheit und Frieden!“ schließt sich der Friedensgruß an, der zuerst der jeweils anwesenden Kirche, dann jedem einzelnen anwesenden Glied gilt. So haben wir es hier mit einer regelrechten Friedenslitanei zu tun, und zwar mit Bitten um: den Völkerfrieden – Frieden im eigenen Herzen (als Voraussetzung für jeden anderen Frieden) – Frieden zwischen allen Christen – Frieden in der eigenen Kirche – Frieden in der jeweils anwesenden Kirche – Frieden zwischen jedem einzelnen Glied der hier anwesenden Kirche. Erst wenn diese Friedenslitanei zu Ende gebetet ist und wir eins sind, ist die Grundvoraussetzung gegeben für das Einswerden mit Christus.

Die zwei Vorbereitungsgebete

Es folgen dann zwei Vorbereitungsgebete, die der Priester wieder leise spricht, aber doch so vernehmlich, dass die Gemeinde sie innerlich mitvollziehen kann:
„Herr Jesus Christus, Sohn des lebendigen Gottes, dem Willen des Vaters gehorsam, hast du im Heiligen Geist durch deinen Tod der Welt das Leben geschenkt. Erlöse mich durch deinen Leib und dein Blut von allen Sünden und allem Bösen. Hilf mir, dass ich deine Gebote treu erfülle, und lass nicht zu, dass ich jemals von dir getrennt werde."
Oder:
„Herr Jesus Christus, der Empfang deines Leibes und Blutes bringe mir nicht Gericht und Verdammnis...“ (Hier sei auf 1 Kor 11, 27-30 verwie-

sen: Wer unwürdig von dem Brot isst und aus dem Kelch trinkt,...der isst und trinkt sich das Gericht. Und Paulus fährt in diesem Zusammenhang fort: Weil ihr das nicht mehr von normaler Speise unterscheidet, sind bei euch schon so viele krank, schwach und einige sogar schon entschlafen.)... „sondern Segen und Heil." Wörtlich heißt es im Lateinischen: „...Segen und Heilung an Leib und Seele", denn hier geht es, weil Eucharistie *das* Heilssakrament ist, wirklich um beides: um Heilung an Leib und Seele.

Das Gebet „Seht das Lamm Gottes"

Um das gleiche geht es auch im folgenden Text: „Seht das Lamm Gottes, das hinwegnimmt die Sünde der Welt." – „Herr, ich bin nicht würdig... aber sprich nur ein Wort, so wird meine Seele gesund." Nehmen wir doch dieses Angebot und Geschenk des Heils ernst! Nehmen wir es doch an!

6. Die Sendung

Zum Schluss ergeht ein viertes Mal der Zuruf an die Gemeinde: „Der Herr sei mit euch!“ mit dem Nachsatz: „Gehet hin in Frieden!“ Das will nicht heißen: „Verschwindet jetzt alle sofort!“ – wie es offensichtlich von nicht wenigen aufgefasst wird. (Etwas Zeit sollten wir schon noch für die Danksagung erübrigen!).Der Zuruf bedeutet vielmehr: Der Herr ist jetzt mit euch, wenn ihr hingeht und Frieden haltet mit allen, zu denen ihr kommt. Es geht hier um das Apostolat, das vom Altar ausgeht. Wir sind ja in der communio zu Christus geworden.
Denn es gibt eine doppelte Wandlung und eine doppelte communio. Doppelte Wandlung meint: Einerseits werden Brot und Wein in Leib und Blut Christi verwandelt; andererseits werden wir beim Empfang der Kommunion in Christus umgewandelt. Die erste communio ist also diejenige in uns. Die zweite vollzieht sich dann „draußen“; es ist diejenige, zu der wir jetzt ausgesandt werden: Geht und haltet Frieden mit den Menschen, zu denen ihr jetzt kommt! Lasst euch von ihnen „brechen“! – Ihr habt Christus gegessen und seid so zum mystischen Leib Christi geworden: jetzt werden andere euch brechen, wo immer ihr seid – im Betrieb oder daheim in der Familie. Wenn diese Menschen euch jetzt „essen“, dann werden sie ebenfalls in Christus verwandelt – das ist Apostolat vom Altar aus!

In Christus verwandelt werden heißt also zur Eucharistie werden. Eucharistie ist kein Tun, sondern ein Werden-zu-etwas, ein Sein. Und ebenso wie wir Christus gebrochen haben, so sollen die Menschen uns brechen dürfen, indem sie uns in Anspruch nehmen: unsere Zeit, unsere Arbeitskraft, unser Können – überall wo wir sind , in der Familie und am Arbeitsplatz.

Indem ich jetzt hingehe und mit diesen Menschen Frieden halte, schaffe ich Voraussetzungen dafür, dass der Herr unter uns sein kann. Dort, wo wir uns von den Menschen brechen lassen, empfangen sie ihn ebenso wie wir ihn empfangen haben: sie werden in Christus verwandelt und nehmen teil an der Liebe.

Kirche ist ein kleines Häufchen, sie wird immer eine kleine Herde sein. Aber sie ist Sauerteig in dieser Welt und hat die Aufgabe, die Welt für die Liebe Gottes zu öffnen, so dass auch die Heiden und alle, die Christus noch nicht kennen, beginnen – aber über uns! – einander zu lieben. Denken wir an das Weltgericht, an die Worte die dort gesprochen werden – und sie werden auf eben diese Menschen hin gesprochen: Alle, die Gutes getan haben, die geliebt haben, werden gerettet werden.

Und das alles soll durch diesen Sauerteig geschehen! Wenn wir also Frieden halten mit allen Menschen; wenn sie uns „brechen“ dürfen, weil wir zur Eucharistie geworden sind; wenn sie uns „essen“ dürfen, indem sie unsere Zeit und Kraft in Anspruch nehmen – dann werden sie verwandelt, dann wächst in ihnen die Liebe, dann werden sie fähig zur Liebe, zu Taten der Liebe – und das wird ihre Rettung sein!

Dieses „Apostolat vom Altar aus“ ist gerade in unserer Zeit wichtig und entscheidend, in der wir mit echtem Heidentum zu rechnen haben, mit Ungetauften, mit Nicht-Glaubenden. Sie alle sollen in die Liebe hineinfinden, in das Wesen Gottes, und so zum Heil kommen – eben durch diesen Sauerteig Kirche, der sich „brechen“ lässt, wo immer – verstreut unter alle – er sein mag.

Das ist die Sendung des „Der Herr sei mit euch!“ – „Gehet hin in Frieden!“
Der Herr sei jetzt mit euch und er wird mit euch sein, wenn ihr Frieden haltet. Und lasst euch brechen – ihr seid zur Eucharistie geworden.